it ▪ is ▪ on.

it ▪ is ▪ on.

ē	n		c	o

c		ē		c		c	

ē		c		ē		ē	

c		ē		c		ē	

n

i

☒ ⓣ ⓗ

th

c

o

o

th

t

th

n

th

n

o

c

t

o

o

th

o •

c •

c •

ē •

t •

o •

s •

ē •

f •

c •

f •

s •

o

c

t

m

f

ē

Name_____

sit▪on▪it.

s i t ▪ o n ▪ i t

■   ■

■   ■

†	f		r	th

†		†		r		†	

r		r		†		r	

†		r		r		†	

i

t   c   o

t   c   i   n   t

c   i   t   c

c   th   t

m   c

c

o

r •   • m

m •   • t

n •   • c

c •   • d

t •   • r

d •   • n

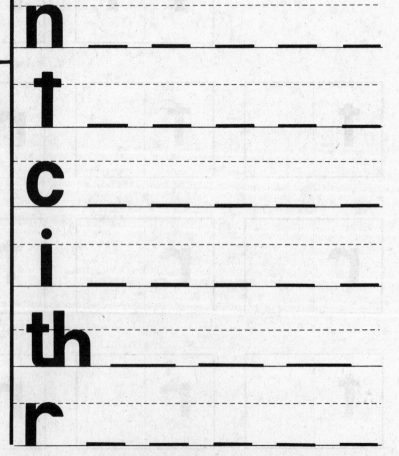

sam ▪ is ▪ mad.

sam ▪ is ▪ mad.

s	i		a	o

s		a		s		s	

a		s		a		a	

s		a		a		s	

n

r   ā   r

n   th

n   r   t

th   c

r   t   n   i

a

c •   • d

d •   • f

s •   • ē

o •   • s

ē •   • o

f •   • c

a

m

o

t

s

ē

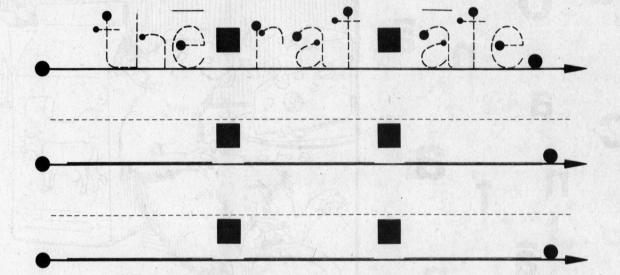

the•rat•āte.

the■rat■āte.

| ē | a | | t | th |

t		ē		t		t	
ē		t		ē		ē	
t		ē		t		ē	

c   n̶   a

a

o

n   ā

C   a

n   a

t   a

ā   n

a   n   o

ā •   • n

c •   • ā

o •   • c

th •   • m

n •   • o

m •   • th

a _____

o _____

n _____

c _____

th _____

s _____

this▪is

not▪mē.

this ▪ is

▪

| ā | ē | | n | o |

| ā | | n | | ā | | n |

| n | | ā | | ā | | n |

| ā | | n | | n | | ā |

n

ā̶̶ c

n

c

th

ā

o

C

ā

ā

t

n

o

c

†

ā

c

ā̄ a a ᵎ ᵎ

o •   • ā   a

ā •   • c   o

c •   • o   n

ē •   • n   S

n •   • th   ē

th •   • ē

this ■ is

a ■ roCk.

this ■ is

■

o	c	f	n

f		o		o		f	

f		f		o		o	

o		o		f		f	

this∎ sacₖ

is∎ faт.

this ∎ sack

∎

a	a

a	m	a	a	a	s	a	r

r	c

r	ē	r	m	r	c	r	s

s	m

s	m	s	a	s	d	s	m

t	ē

t	ē	t	r	t	m	t	d

n

r

r

c

n

r

t

o

r n

h

th

n

h

r

h ·

ā ·

n ·

o ·

c ·

th ·

· c

· th

· ā

· h

· o

· n

h

n

ē

d

f

i

is▪this
a▪mitt?

is▪this

▪

c	n

c	a

c	n

c	t

c	f

d	o

ē	o

t	o

d	o

a	o

f	ē

f	c

f	d

f	a

f	ē

i	i

i	s

i	i

i	n

i	i

t

m

i

n

m

n

n

h

| n̶ | m |

t

m i

m i

n

n

m h

n t

n th

h m

h • • ē

t • • ē o

o • • o h

th • • t

ē • • th

d • • d

h

n

ā

o

a

c

thē ∎ man ∎ is

not ∎ sad.

the ∎ man ∎ is

ē	m

c	m	ē	m	s	m	ē	m

o	s

o	a	o	t	o	s	o	d

r	d

r	t	r	d	r	a	r	c

n	f

m	f	c	f	n	f	t	f

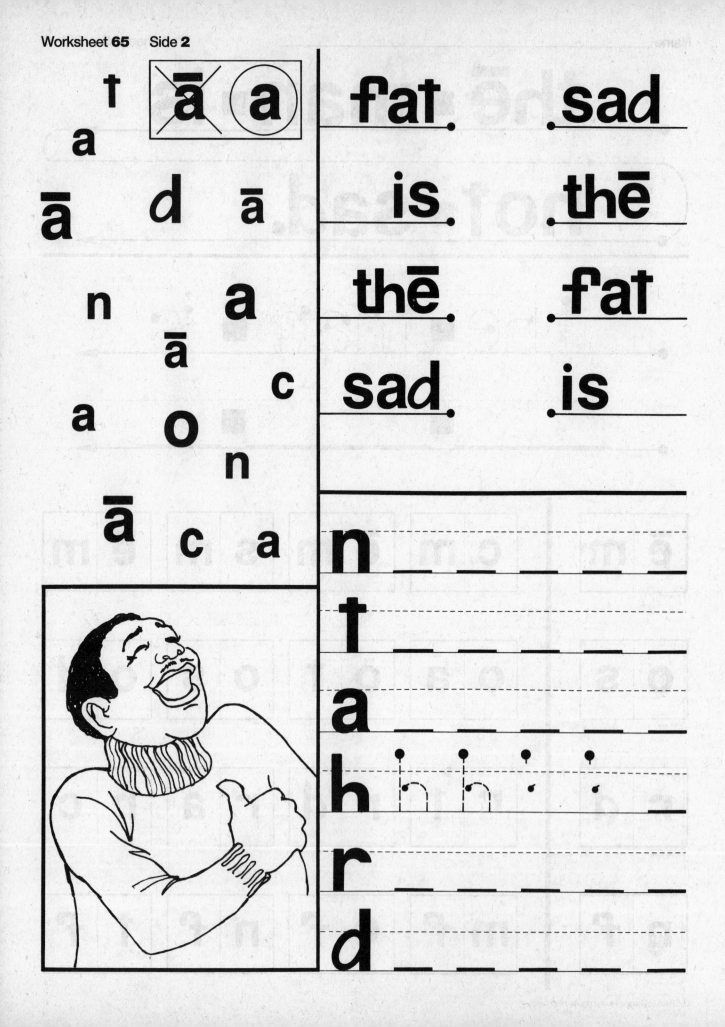

t ā̶ ⓐ

t
a

ā   d   ā

n   ā   a

    ā   c
    o
    n
ā   c   a

fat.   .sad

is.   .thē

thē.   .fat

sad.   .is

n _____

t _____

a _____

h _____

r _____

d _____

thē ∎ man ∎ sat

on ∎ mē.

r i		r a	r s	r i	r d
o n		d n	o n	t n	ā n
f a		f f	f ē	f s	f a
ē ē		o ē	ē ē	m ē	ē ē

c̶ ⊙

o
ē
ā   i
    o
    n   c
c   o
    th
    r   c
c   ā
    o   r

not .   . it

is .   . mē

it .   . is

mē .   . not

h ____

u _u_ _u_ _•_ _•_ _•_

n

c

s

i

hē ▪ is ▪ sicₖ

and ▪ sad.

hē ▪ is ▪ sick

a	r

a	s	a	a	a	r	a	m

d	n

d	f	d	i	d	t	d	n

c	ē

ā	ē	s	ē	c	ē	c	ē

o	m

r	m	o	m	s	m	i	m

~~h~~ (n)

f n t

f h

o t h

n c

h ā n

h o

n

mad . . fan

sit . . am

fan . . sit

am . . mē

mē . . mad

h

u

n

ā

o

r

hē ∎ is ∎ in

thē ∎ sun.

hē ∎ is ∎ in

∎   ∎

t	f

a	f	d	f	t	f	s	f

i	i

i	i	i	s	i	r	i	i

a	d

a	a	a	d	a	ā	a	d

h	n

ē	n	s	n	t	n	h	n

h   [u̶ (n)]

u   m   o

         u

      n   t

   u   h   n

i   n   u

   c   n

sat .	. mad
man .	. fin
not .	. man
mad .	. sat
fin .	. not

n

h

u

ā

m

s

h**ē** ▪ **ā**t_e

a ▪ f**a**t ▪ n**u**t.

hē ▪ āte

▪

ā	o

ā	o	**ā**	**ī**	**ā**	a	**ā**	o

m	c

n	c	h	c	m	c	a	c

r	s

h	s	r	s	a	s	**ē**	s

i	h

a	h	n	h	i	h	m	h

c   ⊠i   ⊤t

i   t   d

     h   n

     t   i   t

     o   i

     h   th

              i

and .   . fat

     is .   . hē

     hē .   . not

     not .   . and

     fat .   . is

n

u

h

t

o

c

hē ▪ had ▪ a ▪ hut.

hē ▪ had ▪ a ▪ nut

in ▪ his ▪ hut.

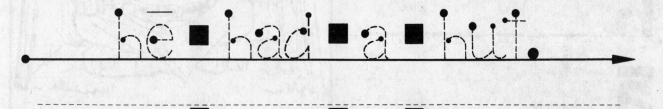

mud .   . rat

this .   . mud

that .   . this

rat .   . that

u ⊘ (h)

u

g

h   o

u   h

ā

g   u

h

c

g _g_ _g_ _ _

u _ _ _

n _ _ _

h _ _ _

ā _ _ _

ro**c**k	
ro**c**k	
ro**c**k	
rat	
rat	
rat	
man	
man	
man	
mitt	
mitt	
mitt	

Name _____

thē ▪ sun ▪ is ▪ hŏt.

a ▪ man ▪ ran ▪ a

fan ▪ ăt ▪ us.

thē ▪ sun ▪ is ▪ hŏt.

mād_e   sic_k

āt_e   mad

mad   mād_e

sic_k   āt_e

i
o
t
c
h
n t
i   th

g g g g ___

g
o ___
ā ___
c ___
t ___

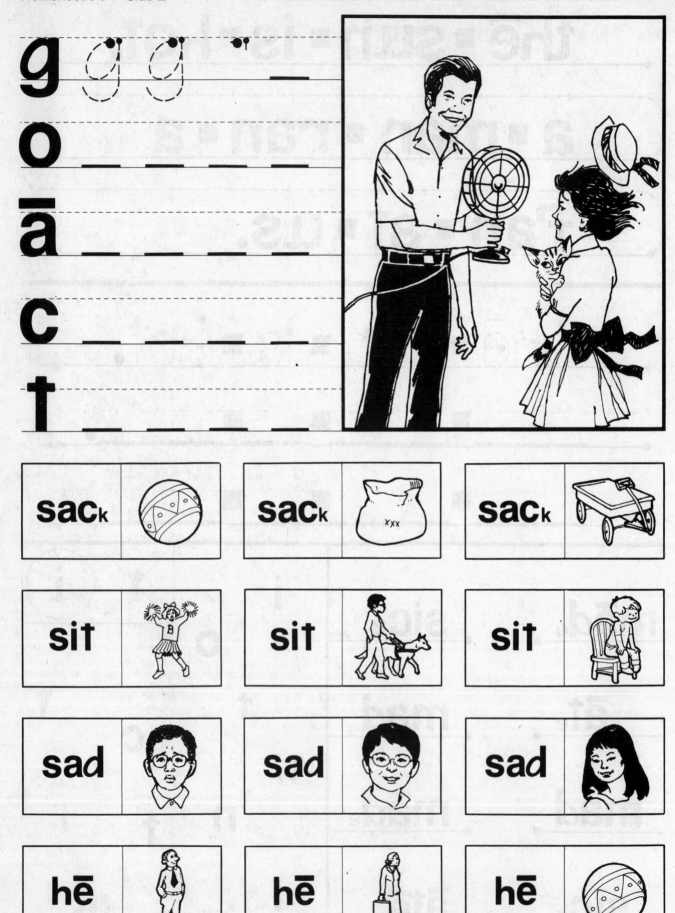

sacₖ		sacₖ	
sit		sit	
sad		sad	
hē		hē	

sacₖ

sit

sad

hē

hē▪has▪a▪rug.

that▪rug▪is

in▪his▪hut.

hē▪has▪a▪rug.

the   run

ran   that

run   ran

that   the

g

t

d

ā

g

g̶   ⊙d

d   c

g

d

o   u

g _g_ _g_ _____

m _____

s _____

h _____

a _____

nut		nut		nut	
fat		fat		fat	
sun		sun	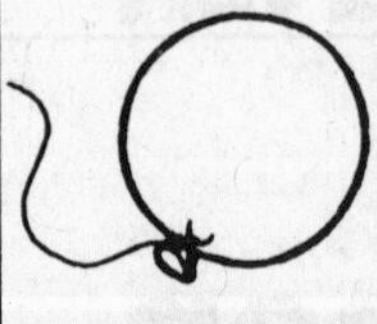	sun	
mad		mad		mad	

hē ▪ is ▪ an ▪ ant.

hē ▪ has ▪ a ▪ sock

on ▪ his ▪ fēēt.

hē ▪ is ▪ an ▪ ant.

is	it
if	is
it	on
on	if

c

h

h ā

n

k ⊗ Ⓝ

u

n

h

o

g

g

n

I
u
g
n
d

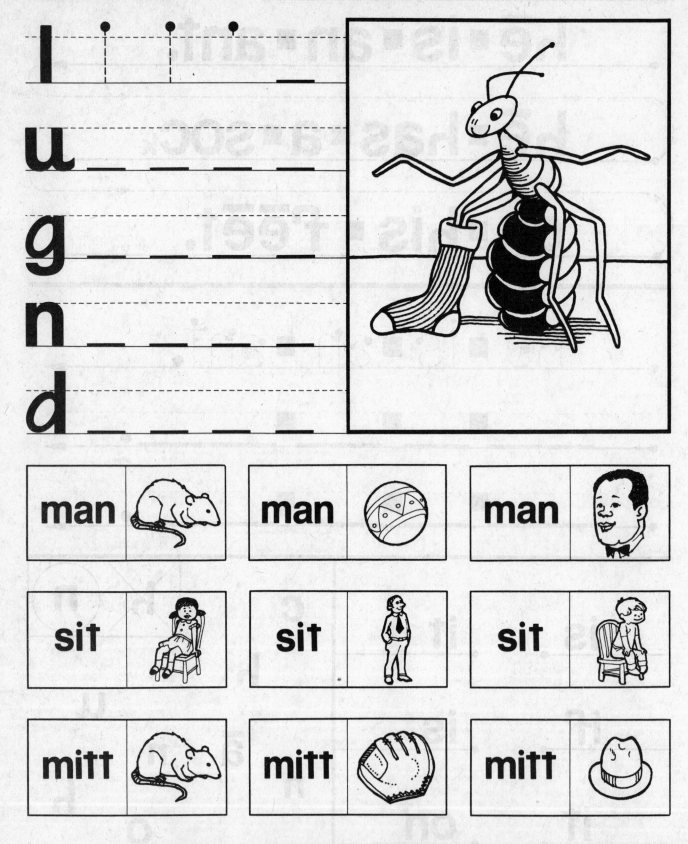

man		**man**		**man**	
sit		**sit**		**sit**	
mitt		**mitt**		**mitt**	
fat		**fat**		**fat**	

hē ▪ has ▪ an ▪ ant.

that ▪ ant ▪ āt_e

a ▪ fat ▪ sēēd.

rug   fat

fit   rug

fan   fit

fat   fan

g
o

g   d

d   h

u   g

ā

g

u   d

g _ _ _

a _ _ _

l _ _ _

u _ _ _

n _ _ _

sad	**sad**	**sad**
hē	**hē**	**hē**
fan	**fan**	**fan**
rock	**roc**k	**roc**k

hē ▪ āte ▪ a ▪ fig.

and ▪ hē

is ▪ sick.

▪	▪	▪	•

▪	▪	▪	•

mēan	sat
mēat	rock
sat	mēat
rock	mēan

☒   Ⓐ

g

l

ā

h

ā

l

h

ā

o

ā

l

g

I i̇ i̇ i̇ ____

i ____ ____ ____

u ____ ____ ____ ____

a ____ ____ ____

r ____ ____ ____

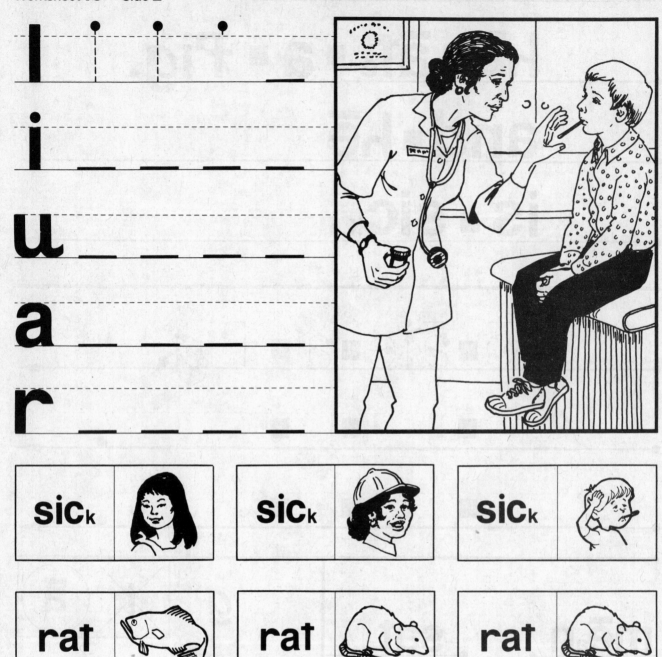

sicₖ 	sicₖ 	sicₖ 
rat	rat	rat
rag	rag	rag
sun 	sun 	sun 

hē ■ has ■ a ■ sac k.

hē ■ has ■ a ■ fan ■ and

a ■ rat ■ and ■ a ■ rag.

hē ■ has ■ a ■ sack.

■ ■ ■

■ ■ ■

hē	sun	c
sad	mē	o l g
mē	sad	u o o
sun	hē	c ā
		c l

⊗ Ⓒ

i_____

ē_l_____

l_____

o_____

m_____

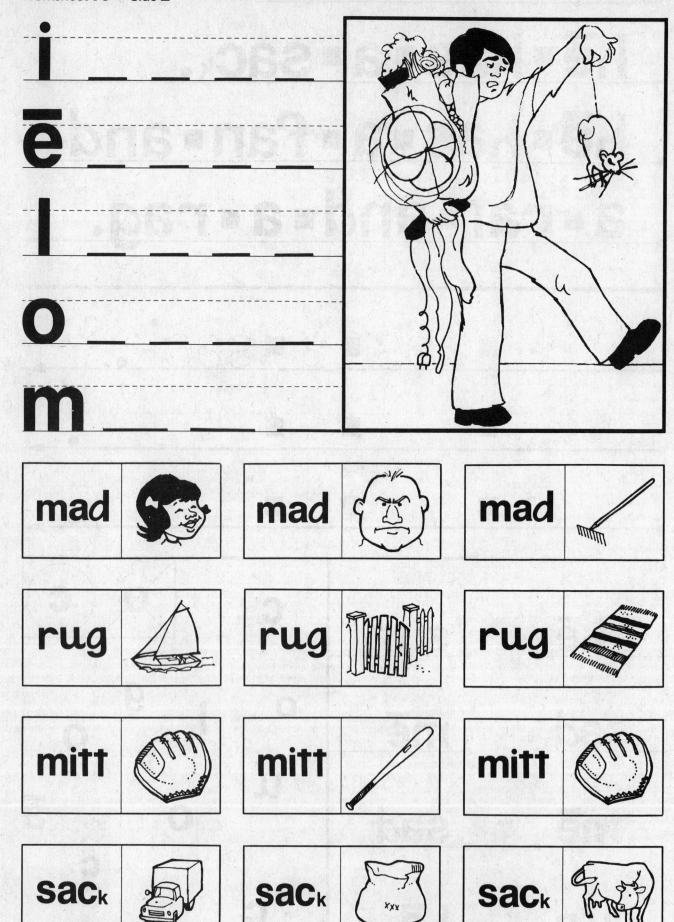

mad		**mad**		**mad**
rug		**rug**		**rug**
mitt		**mitt**		**mitt**
sack		**sac**k		**sac**k

hē ▪ has ▪ fun.

hē ▪ is ▪ in ▪ thē ▪ rāin

and ▪ thē ▪ mud.

hē ▪ has ▪ fun.

▪   ▪

▪   ▪

is	has
his	an
has	his
an	is

h
u
n
o

ā
n
u

n
g
u
c
n

⊠ u Ⓝ

l _ _ _ _ _

o _ _ _ _ _

i _ _ _ _ _

d _ _ _ _ _

r _ _ _ _ _

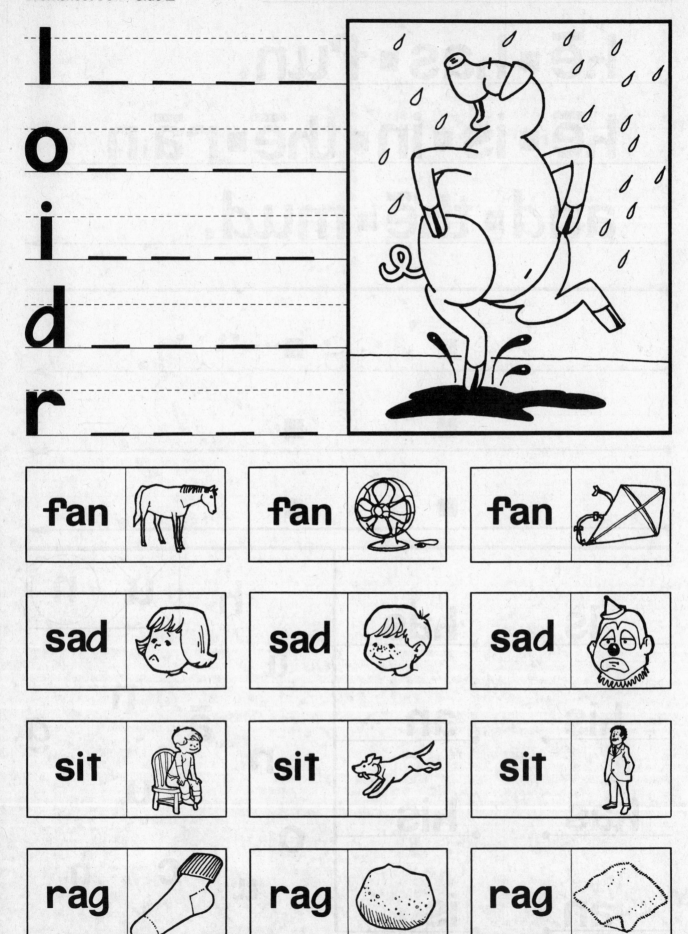

fan		**fan**	
sad		**sad**	
sit		**sit**	
rag		**rag**	

that ■ man ■ has ■ thē ■ māil.

hē ■ is ■ lāt e.

he ■ has ■ the ■ mail.

■   ■   ■

■   ■   ■

fun	sit
fat	fun
sit	sic k
fan	fat
sic k	fan

⊠ⓘ Ⓛ

i
c
w

ā
i

l

g

i

l

u

w w ___ ___

n ___ ___ ___

l ___ ___ ___

t ___ ___ ___

a ___ ___ ___

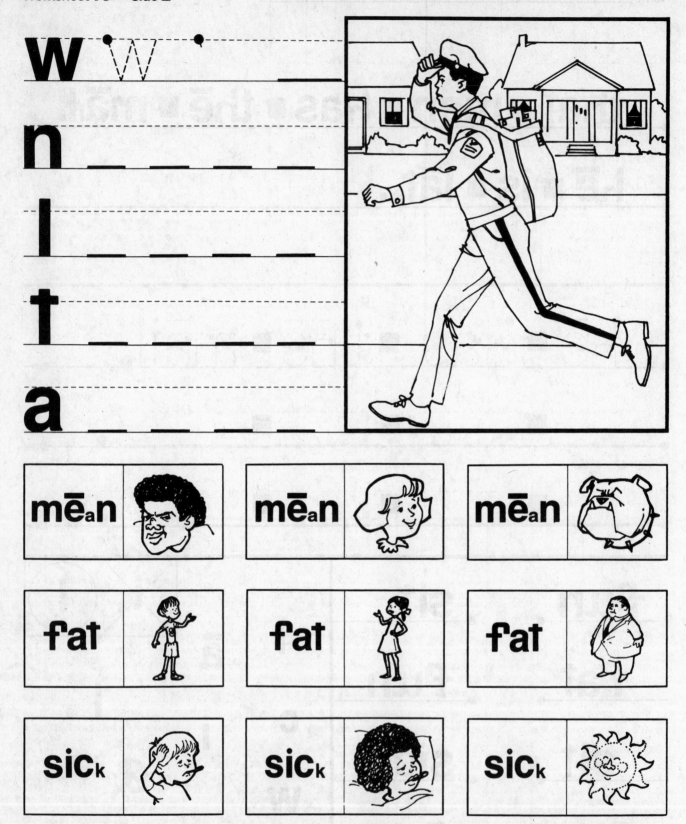

mēₐn	mēₐn	mēₐn
fat	fat	fat
sicₖ	sicₖ	sicₖ
rocₖ 	rocₖ 	rocₖ

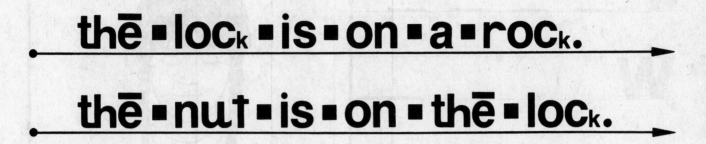

thē ▪ lock ▪ is ▪ on ▪ a ▪ rock.

thē ▪ nut ▪ is ▪ on ▪ thē ▪ lock.

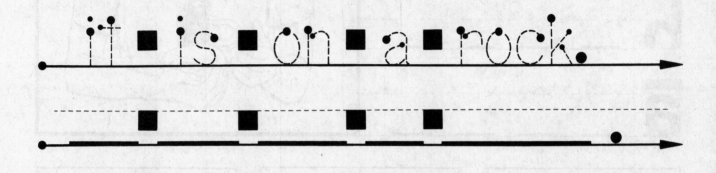

it ▪ is ▪ on ▪ a ▪ rock.

māil

lāte

lāte

sāil

hat

māil

hāte

hat

sāil

hāte

m

h

w

g

ā

w

m

l

w

o

m

⊗ w ⓜ

l

w   ᵛⁱᵛ

g

h

a

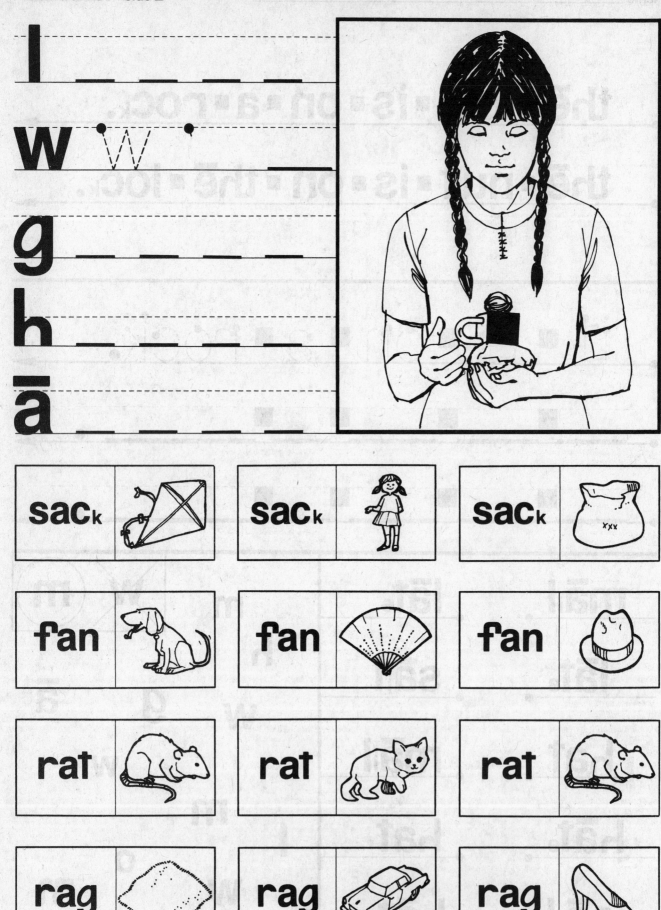

sacₖ		sacₖ		sacₖ	
fan		fan		fan	
rat		rat		rat	
rag		rag		rag	

wē ▪ sēē ▪ a ▪ hut. ▪ wē ▪ will

run ▪ in ▪ thē ▪ hut.

wē ▪ will ▪ locₖ ▪ thē ▪ hut.

wē ▪ sēē ▪ a ▪ hut.

▪ ▪ ▪

▪ ▪ ▪

locₖ .	. licₖ
sicₖ .	. socₖ
rocₖ .	. locₖ
socₖ .	. rocₖ
licₖ .	. sicₖ

c

w

l

i

X (i)

c   l   w   i

w   i   l

l   o

i   g

W w· w·

g

c

l

o

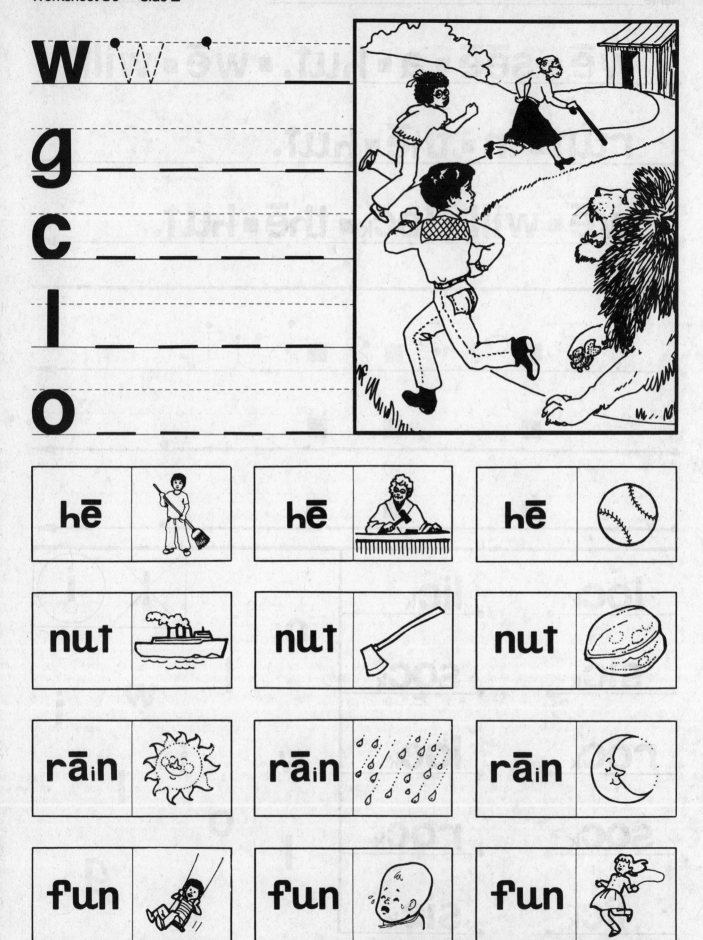

hē	
hē	
hē	
nut	
nut	
nut	
rāin	
rāin	
rāin	
fun	
fun	
fun	

his ▪ nām͞e ▪ is ▪ ron.

hē ▪ will ▪ run. ▪ and

hē ▪ will ▪ sēē ▪ mē.

his ▪ nāme ▪ is ▪ ron.

▪ ▪ ▪

▪ ▪ ▪

hut	hit
hat	hut
nut	not
hit	nut
not	hat

th (sh)

th

sh h th

ā

w

sh

th

u

l

sh

Sh Sh

n _____

w _ _ _ _ _

a _ _ _ _ _

s _ _ _ _

rug 	**rug** 	**rug**
sit 	**sit** 	**sit** 
sack 	**sac**k	**sac**k
māil 	**mā**il	**mā**il

wē · had · a · ram.

that · ram · ran.

wē · ran · and

hē · ran.

wē · had · a · ram.

th   ~~sh~~   (th)   ron   sēē
     c
sh   l th   g   sēē   rat
              ā   sh   run   ron
     th   ran   sit
              sh   w   sit   run
g   th   rat   ran

sh   sh

w

g

u

a nut	**a man**	**roc**k
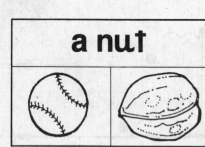		

sad	**rat**	**a sac**k

rag	**a loc**k	**run**

a rug	**sit**	**a hat**

this · is · a · cat.

this · cat · has · fat

feet. · this · cat · can

run · in · the · mud.

this · is · a · cat.

▪   ▪   ▪   •

▪   ▪   ▪   •

h	ā	⊠ⁿ ⓗ	wē	rāin
			mad	mud
	n		will	māde
h	o		māde	mad
sh	h		mud	wē
	g	n		
	n			
l	c		rāin	will
n		h		
	sh			

th _____

sh *sh* _____

w _____

g _____

hut	a lock	a fan
hē	run	māil
mad	rāin	a rock
sick	fat	mitt

shē·has·a·cat.

that·cat·is

not·littlₑ.·that·cat

is·fat.

	m	w	cat	fat
h			can	fun
m	w	l	fun	fig
w	g	m	fat	fēēt
	w		fēēt	cat
m	sh	h	fig	can
u		w		
	ā	m		

th _____

a _____

sh _____

l _____

a sack	**sit**	**nut**
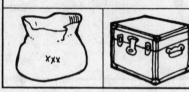		

man	**a rag**	**mē**a**n**

mud	**rā**i**n**	**mā**i**l**
	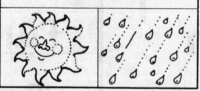	

hē	**rug**	**a hut**

hē·has·a·shacₖ.

thē·shacₖ·is·in·thē

sand.·thē·man·is

in·thē·shacₖ.

hē· has · a · shack.

ā (crossed out)	a (circled)

a

ā

h   w   ā   g

w   a   c   a

ā

a   ā

sh

she	fan
sat	sit
fat	sacₖ
fan	fat
sacₖ	sat
sit	shē

sh _____

w _____

h _____

g _____

lock	**run**	**mad**

a fan	**mitt**	**rā**in
		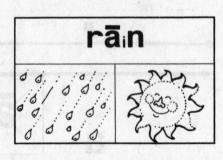
sick	**sad**	**a roc**k

fat	**hē**	**mē**an

Name ________________________________ Worksheet **86** Side **1**

hē·had·fun.

shē·had·fun·in·thē

sand.·and·thē·cat·had

fun·in·thē·sand.

hē·had·fun.

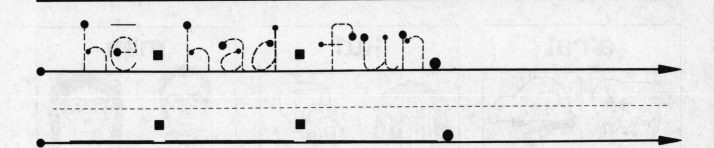

rat ran ~~rat~~

mē rat at

wē rat

sat

rat rat

rat

rug on

hē	shack
has	hē
sock	shē
shē	sock
is	has
shack	is

o _ _ _ _ _
a _ _ _ _ _
a _ _ _ _ _
u _ _ _ _ _

a rat	hut	man
him	sad	a rock
sit	a sack	run
fēēt	cat	māₗl

shē is in thē rāᵢn.

shē has a sacₖ. māᵢl is

in that sacₖ. will shē rēₐd

thē māᵢl?

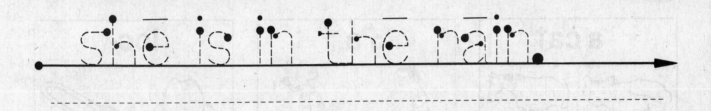

shē is in thē rain.

sēē	mad	~~sēē~~	had	has
fat			and	an
	sēē		hand	and
	sēē		has	had
sacₖ		man	sand	hand
sēē	shē			
	sēē		an	sand
mud				
sēē	sicₖ			

i _ _ _ _ _
u _ _ _ _
w _ _ _ _
g _ _ _ _

a cat	fat	loc k
run	a mitt
hē		

| fēēt | rā i n | shē |

| littl e | sic k | a rug |

sam has ēₐrs.

sam has a tāᵢl.

sam is not a man.

sam is not a cat.

sam has ēars.

run	fēēt	~~run~~	shot .	. hot
		rug	at .	. hat
ran	not		rat .	. shot
run		run	hot .	. an
	hut		an .	. rat
cat	run	run	hat .	. at
run	fun			

sh_____
n_____
l_____
th_____

shac_k	sand	sad

shē	mud	a roc_k

him	sit	cat

mēan	māil	a fan
		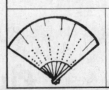

thē sand is hot.

his fēēt got

hot. his hat is

not hot.

thē sand is hot.

sat

~~sat~~

sat

fat

sand

sēē

sat

sat

hut

rocₖ

sat

at

sat

hē

ēₐr

tāᵢl

fig

ēₐt

cat

nāmₑ

ēₐt

cat

ēₐr

fig

tāᵢl

nāmₑ

h _ _ _ _ _ _

n _ _ _ _ _ _

w _ _ _ _ _ _

r _ _ _ _ _ _

sac_k	fēēt	a loc_k
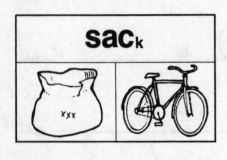	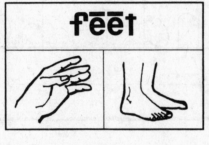	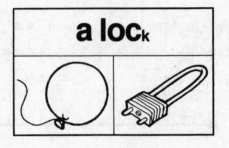
a rug	shē	fat

shac_k	rā_in	hē
	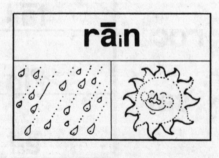	
mad	littl_e	fan

Name_____

Worksheet **90**   Side **1**

a fish mād_e a wish.

"I wish I had fēēt. I wish

I had a tā_il. I wish I had

a hat. I wish I had a dish."

a fish māde a wish.

shē
hot
shē
shē   not
shē   hē
fun   shē
sac_k
māde
shē   hat

~~shē~~

hot	got
got	not
hat	rat
not	hot
rat	fat
fat	hat

© SRA/McGraw-Hill. All rights reserved.

f
a I r

rag	sand	a hut
a rat	run	shē
mā_il	a rug	roc_k
cat	sic_k	him

Name_____

now **I** will run.

now I will run.

I	**hat**
Sh	**rag**
W	**hot**
l	**fat**
g	**am**

sit

sit hit it sit
feet sit sat lock hut
sit wish sit not sit
sit sit sit
mad

a nut	**fat**	**shē**

tāil	**a man**	**ēars**
		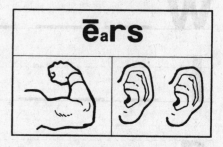

sit	**fēēt**	**shack**
	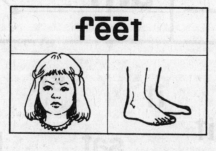	

rug	**a cat**	**rāin**
		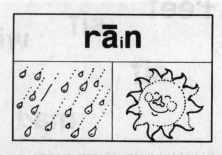

I wish I had sand.

I wish I had sand.

Sh _ _	**is**
I	**fēēt**
i _ _	**has**
ā _	**will**
a _	**sit**

sac**k**   shac**k**

sad   sac**k**   ┌─────────┐
      sac**k**   rug   had   │ ⨯ sac**k** │
                 sac**k**   └─────────┘
hot   sac**k**   fun

        sac**k**   sand

sac**k**   sac**k**
    lāt**e**   sac**k**   ē**a**rs

a tā̄il

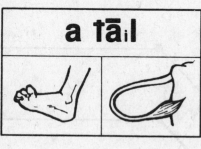

run

rocₖ

him

sacₖ

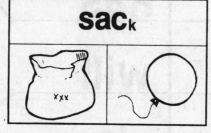

mad

mā̄il

sand

fēēt

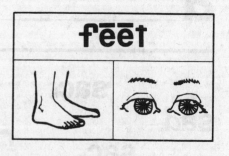

a hat

ē ₐrs

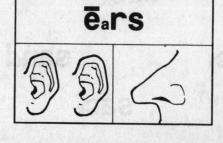

littlₑ

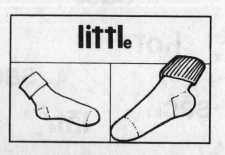

thē cat has fun.

the cat has fun.

W _____	**fish**
c _____	**and**
o _____	**at**
Sh _____	**nāme**
ā _____	**hē**

~~**wē**~~

and   wē

wē
   wē   hē

   tā₁l   nām_e   got

run   wē

   wē   now   wē

wē   this   wē   hat

hat

a rat

shē

a fish

rāin
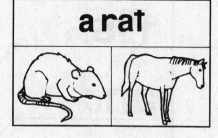

sad

a mitt

dish
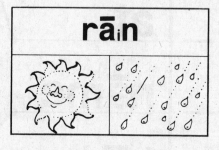

ēars

a cat

fan

hē
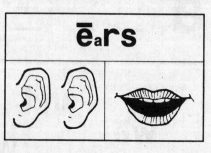

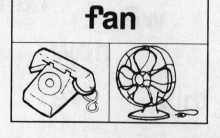

thē fish had fun.

the fish had fun.

k	k	had
c		mom
o		fun
d		ham
t		shē

this   his   thē   this   ☒ this

littlₑ   this   this   will   this

this   not   is   mādₑ

sēē   this   this   shot

a fish	fat	sit

hill	**fēēt**	**a rug**
	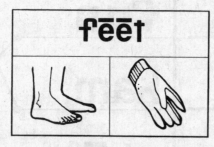	
a man	**sand**	**hut**
	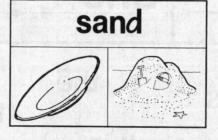	
hat	**a dish**	**tāᵢl**
		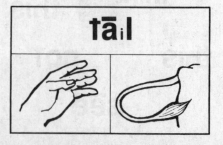

shē sat on a hill.

shē sat on a hill.

o _ _ _ _

k _ _ _ _

I _ _ _ _

ā _ _ _ _

h _ _ _ _

did	
not	
cat	
fēēt	
sick	

is   with   is   is   did

        fun   this

    is

        wish   is   is

lāke   is   is   his

    is   sand   thē

[box: ⊠ is]

a dish	shē	rag

fēēt	shac_k	a mitt
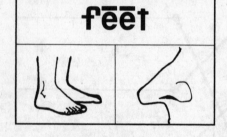		

a rāk_e	him	fan

ē_ars	lāk_e	sit
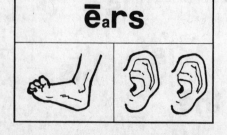		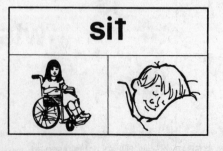

I am lāte. I āte ham on a hill.

I āte and āte. and now I am

lāte. I will run.

hē has a fat cat. hē has fun with his fat cat.

his mom has a littlₑ cat. shē has fun with thē littlₑ cat. thē littlₑ cat has fun in thē sand.

shē said, "I āt_e."

shē said, "I āte."

- →

- →

n	is
k	his
c	sēē
m	hat
th	sand

shē

said   fēēt

shē

shac_k

hē   shē

shē

littl_e

shē

got   shē

shē

cow   shē   shē   thē   tā_il

rāke

a di**sh**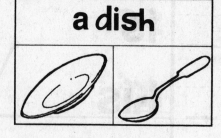

cat

mom

tāıl

little

sand

a rag

lāke

a hill

ēars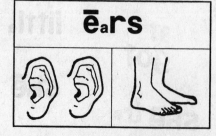

sack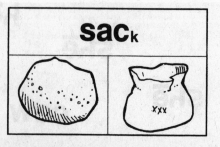

shē said, "I am mē."

shē said, "I am mē."

h	rock
d	māil
k	fat
s	fun
ē	wē

that   fish   that   āte   ~~that~~

hot   that   at   that

that   fat   that   now

that   mom   this

gun   that   that

hill

hē

sad

a lock

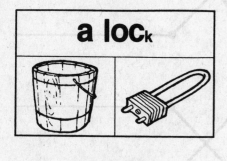

fat

hut

a fish

mom

fēēt

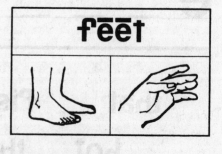

tāil

rāin

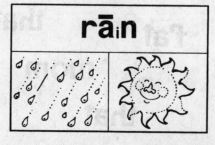

a fan

shē was not mad.

shē was not mad.

f	can
k	dish
c	āte
r	man
m	got

nō

nō   gāte   nō

am

hat   nō   not   nō

sand

nō   nō   tāil

nō   nō   hit

cow   wish   nō

gāte

a cow

māil

dish

sock

a cat

shē

a rāke

rāin

him

a shack

hill

hē sat with a cat.

hē sat with a cat.

ō ō __ __ __   sat

k __ __ __   I

o __ __ __   mē

ā __ __ __   his

u __ __ __   fit

	the̅

the̅   she̅   cat

the̅

hē   the̅   āte   the̅   hug

the̅   fish

the̅   little   the̅

the̅   lick

the̅   nō   the̅

a cow

fan

fish

lāke

mom

sand

ēa**rs**

a mitt

fēēt

a rag

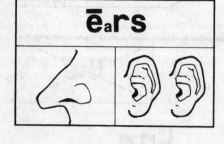

lock

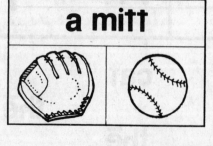

him

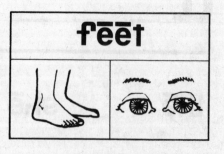

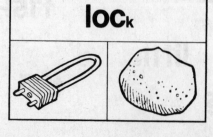

hē has nō tēeth.

hē has nō tēeth.

k	kick
o	got
ō	said
m	cow
ē	with

if said if him

if nō if kicₖ if

now if if rug if

thē if wish if fēel

if (crossed out)

lāk_e

cow

tā_il

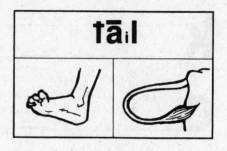

shē

dish

a rāk_e

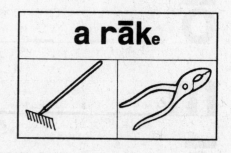

hill

a shac_k

sic_k

a cat

sac_k

fat

a fish āt$_e$ a roc$_k$. thē fish

said, "I āt$_e$ a roc$_k$."

a cow āt$_e$ thē fish. thē cow

said, "I āt$_e$ a fish. and now I

fēēl sic$_k$."

shē was not mad at him. did

shē hit him? nō, nō, nō. did shē

hug him? nō, nō, nō. did shē

kiss him?

I can kiss a cat.

I can kiss a cat.

ō	ŏ ī	lāke
d		now
i		wish
th		lick
l		sad

him   him   nō   ~~him~~

hit   him   him   if   him

hat   hug

him   cāke   him   ēat   him

him   kiss   will

a rug

fēēt
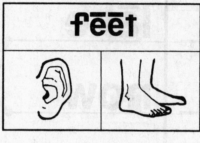

him

hut

māil

ēₐrs
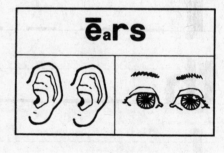

kiss

mom

a lāke

a rocₖ
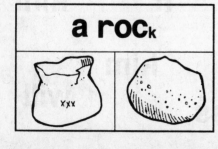

hat

licₖ

a cat is on thē cow.

a cat is on thē cow.

ō	sō
k	run
I	mad
Sh	nō
u	sick

~~and~~

thē and lick

and sat rat nō and

and and man

and āte and

sand and him and

a cat

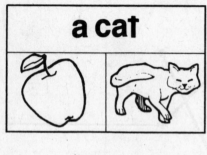

sand

shē

sad

a fish

shack

a rāke

sit

a cow

lock

hē

mitt

Name_____

Worksheet **103** Side **1**

I can hōld thē hats.

I can hōld thē hats.

ā	cāke
ō	fan
o	it
a	was
v	man

cow   havₑ   cow

kiss   cow   wish

cat   if   cow   cow

cow   cow   cow

now   how   lātₑ   cow   fēēt

cow

nōse

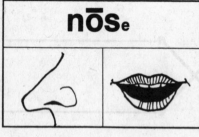

a cat

fat

rag

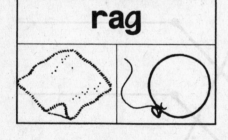

mom

a dish

lāke

fēēt

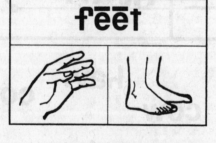

tēēth

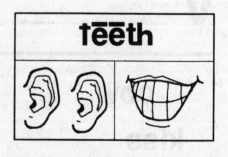

kiss

a cow

lick

wē havₑ sacₖs.

wē have sacks.

th _____   rag

sh _____   him

h _____   thē

l _____   rug

g _____   sēē

can

can   nō   can

can   fish   can

can   cat   can   tēēth

sand   and

cow   can

can   is   not   can

kitt_en

hit

ē_ars

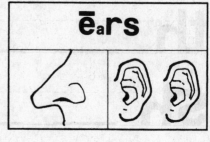

sh_ē

a sac_k

sand

rāk_e

a roc_k

loc_k

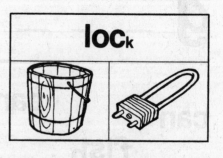

a rug

tēēth

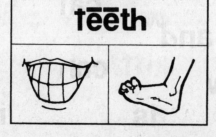

fan

Name_____

thē ōld man shāvₑs.

thē ōld man shāvₑs.

v ᵛ	in
w	can
n	gāte
u	this
h	a

now   lic_k   now ~~now~~

not   now   mē

now   ātₑ   now   now   if

kittₑn   cow   now

can   now   has   now

a cow 	**lāk**e 	**hill** 
mom 	**kiss** 	**a roc**k 
tēēth 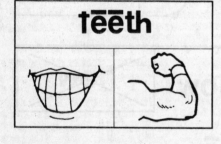	**mitt** 	**a dish** 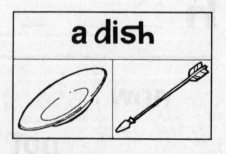
a fish 	**nōs**e 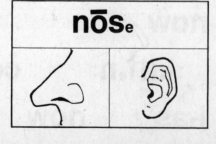	**shac**k 

I can kiss a cat. I can kiss

a kitten.

can a cow kiss mē? nō. a cow

can not kiss mē. a cow can

lick mē.

can a cat lick a kitten?

wē havₑ hats. I can hōld thē

hats. thē cow can hōld thē hats.

an ōld man can hōld thē hats.

can a fat rat hōld thē hats?

gⁱⁱiVₑ mē a socₖ**.**

give me a sock.

ō	_ _ _ _ _	**lāte**
Ī	_ _ _ _ _	**that**
v	_ _ _ _ _	**hōld**
k	_ _ _ _ _	**rock**
u	_ _ _ _ _	**mē**

~~hats~~

hats   sit   hats   at   hats

roc ₖ   littlₑ   hats   ōld   hats

hats

can   wē   hats   now   havₑ   hats   hats

thē hats

ōld

a sacₖ

mad

ēₐ**rs**

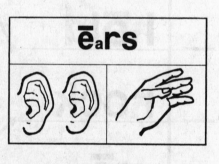

mom

a dish

nōsₑ

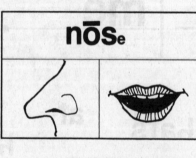

locₖ

fēēt

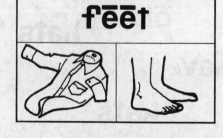

sad

kittₑ**n**

thē man was cōld.

thē man was cōld.

w _____	**shē**
k _____	**mitt**
v _____	**ran**
f _____	**hats**
ā _____	**said**

⟨crossing match lines⟩

nēēd ⟨crossed out in box⟩

will   nēēd   did   nēēd

nēēd   nō   nēēd   can   fēēt

sand   nēēd   nēēd

nēēd   nēēd   tēēth

hōld   nēēd   ēat

a sac_k

tēēth

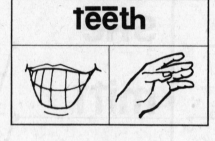

thē roc_ks

kiss

shē

shac_k

fan

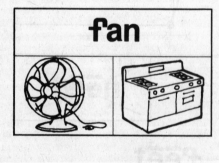

a man

sand

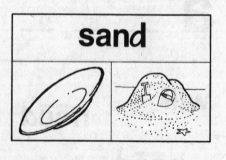

a tā_il

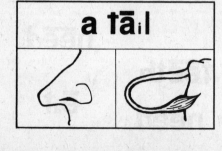

dish

sit